VIE ADMIRABLE

DU BIENHEUREUX SERVITEUR DE DIEU

SIMÉON STYLITE

PAR L'ABBÉ
P.-L. ALEXANDRE SÈBE

CURÉ DE PINET

MONTPELLIER
MANUFACTURE DE LA CHARITÉ
1904

VIE ADMIRABLE
DE
Saint Siméon Stylite

Patron de l'Eglise
et de la Paroisse de Pinet

VIE ADMIRABLE

DU

Bienheureux Serviteur de Dieu

SIMÉON STYLITE

MODÈLE DE PÉNITENCE & DE MORTIFICATION

Patron de l'Eglise et de la Paroisse de Pinet

[Fête le 5 Janvier]

SUIVIE D'UNE COURTE NOTICE

Sur sainte Geneviève

DE PARIS

MONTPELLIER

IMPRIMERIE DE LA MANUFACTURE DE LA CHARITÉ

—

1904

Nihil Obstat

IMPRIMATUR :

J. COULONDRE,
Vic. gén.

AVERTISSEMENT

En racontant la vie de saint Siméon, patron de l'église et de la paroisse de Pinet, nous avons seulement l'unique prétention de favoriser le culte et la vénération dont nos fidèles entourent la mémoire de leur Bienheureux Protecteur à la garde duquel la Sainte Eglise Catholique les a confiés.

Les actions inouïes et extraordinaires qui semblent passer toute créance, ne surprendront pas leur raison et ne diminueront pas leur foi, mais au contraire, donneront à leur cœur un accroissement de reconnaissance envers le Dieu Tout-Puissant qui sait inspirer de semblables héroïsmes. Sans doute, nos chrétiens seront remplis d'étonnement à la lecture de cette vie, quand ils apprendront qu'un homme, mortel et faible comme tous les hommes, a pu s'imposer tant de pénitences volontaires pour l'amour de Jésus-Christ. Leur étonnement deviendra de l'admiration quand ils verront que saint Siméon a demeuré plus de soixante ans sur une colonne pour prier et prêcher Jésus-Christ, exposé aux brûlantes ardeurs du soleil, aux froidures des rigueurs de l'hiver, à la violence et à l'impétuosité des vents. Quelle stupéfaction, en effet, n'éprouveront-ils pas, ces chrétiens de notre siècle, qui passent leur vie dans les plaisirs et les fêtes, quand ils liront que notre saint Patron a passé quarante jours sans boire ni manger, non pas une fois, comme le prophète Elie, ou deux comme Moïse, mais vingt-huit fois en vingt-huit ans, c'est-à-dire, une fois l'an, comme l'assure Théodoret, son historien.

Loin de nous laisser envahir par le découragement, bénissons la divine sagesse du Seigneur, qui appela l'enfant de l'humble famille de Cisan à la participation des grâces célestes, en l'éclairant des surnaturelles lumières, en le faisant prédicateur de son Evangile, le directeur et le guide de tant de consciences troublées.

Les austérités, les macérations, les pénitences, les mortifications si nombreuses et si crucifiantes pour la chair, pratiquées par saint Siméon, doivent-elles nous faire perdre courage dans le chemin de la vertu, pour si ardu qu'il nous paraisse ? Bien que la vie de saint Siméon soit plus admirable qu'imitable, le Seigneur a voulu le faire paraître, dans son Eglise, comme un modèle de parfaite sainteté pour être un encouragement au bien et à la pratique de la vertu. Que ceux qui craignent de succomber, par suite de leur fragilité, n'abandonnent point l'œuvre si sainte de leur sanctification, mais qu'à l'exemple de saint Siméon, ils mettent toute leur confiance en Dieu qui soutiendra leur faiblesse. L'Apôtre saint Paul ne dit-il pas que « Dieu choisit de chétives créatures pour confondre la puissance des forts ? » Donc, si tout n'est pas à imiter dans la vie du Bienheureux Stylite, du moins pouvons-nous, comme lui, travailler à nous sanctifier par l'obéissance aux lois de Dieu, et nous élever à la sainteté nécessaire pour être admis, un jour, au Ciel. S'il ne nous est pas permis de passer notre vie dans une mortification constante, dans l'exercice continuel de la prière et de l'oraison, nous avons le devoir de prier le Seigneur de nous octroyer ses grâces et ses bénédictions, d'édifier notre prochain par nos bonnes actions et de lui venir en aide par nos œuvres de miséricorde.

Aux pieds de saint Siméon Stylite, le Patron bien-aimé de la chère paroisse de Pinet, nous déposons cet humble et modeste travail, écrit tout entier à sa gloire et à sa louange, pour lui attacher le cœur de ses enfants. Puissions-nous, par notre bonne volonté à glorifier Dieu dans un de ses saints, obtenir miséricorde pour nos faiblesses et mériter, un jour, de jouir du bonheur du Ciel avec saint Siméon. Si nos fidèles et bien-aimés paroissiens jugent que nous avons quelques droits à leur reconnaissance, nous leur en demandons le témoignage, devant Dieu, pendant notre vie. Qu'ils portent surtout le souvenir de notre âme dans leurs prières et leurs communions, à l'heure où le Seigneur nous appellera à son redoutable tribunal. A ce moment leurs suffrages nous seront précieux pour dédommager la divine Justice de nos faiblesses et de nos péchés. La prière pendant la vie et après la mort, c'est là toute la récompense qu'ambitionne notre cœur de pasteur et de père.

A. SÈBE,
Curé.

Pinet, le 8 décembre 1903, en la fête de l'Immaculée-Conception de la glorieuse Vierge Marie, Mère de Jésus et Mère des hommes.

Vie de saint Siméon Stylite

CHAPITRE PREMIER

Naissance et jeunesse de saint Siméon
Sa Vision

Vers l'an 388, après Jésus-Christ, vivaient au bourg de Cisan, entre la Cyrie et la Cilicie, deux pauvres époux que rien ne distinguait du commun des hommes, si ce n'est leur piété et leur fidélité au culte du Dieu des Chrétiens. Ysicius et Matana ou Martha (c'était leurs noms) furent bénis du Ciel qui leur accorda un fils qu'ils nommèrent Siméon. En bons parents et en parents chrétiens, ils mirent toute leur application à élever leur enfant dans la pratique des saintes vertus. En même temps qu'ils ornaient son jeune cœur de ces belles qualités qui sont les grâces de l'enfance, ils l'instruisaient des divines vérités de la religion catholique. Les sages conseils et les vertueux exemples du père et de la mère jetèrent une semence féconde dans l'âme de Siméon; aussi, tout jeune encore, donnait-il l'exemple de la ferveur dans la prière et de la prompte obéissance aux ordres de ses parents. Ysicius et Martha vivaient du travail de leurs mains et quand leur fils fut en âge d'alléger les charges de la famille, ils l'appliquèrent à des travaux faciles et rémunérateurs. Siméon ayant atteint l'âge de treize ans, son père lui confia la garde du troupeau, seule richesse de la famille, qu'il menait paître dans les champs voisins de Cisan. Un jour, qu'il n'avait pu conduire les brebis au pâturage, à cause de la neige qui tombait en abondance, il alla à l'église, avec son père et sa mère, pour y prier. Au moment où ils entraient dans le lieu saint, le ministre de Dieu faisait aux assistants une lecture de l'Evangile.

« *Bienheureux ceux qui pleurent, malheureux ceux qui rient ; bienheureux ceux qui ont le cœur pur.* »

Ces divines paroles frappèrent l'intelligence du jeune Siméon et restèrent profondément gravées dans sa mémoire. Dévoré par le zèle de sa sanctification, il ne prit point de repos qu'il n'eût l'explication du texte évangélique. Dans ce but, il s'adressa à un pieux vieillard à qui il demanda comment l'homme pouvait acquérir le bonheur promis par Jésus-Christ aux cœurs affligés et purs, et éviter le malheur réservé aux rieurs. Le vieillard, qu'une grande expérience et une grande sagesse rendaient recommandable, lui fit cette réponse : « Ce bonheur, mon fils, promis par le Sauveur des hommes, ne peut s'obtenir que par le jeûne, la prière, l'humilité, la patience et la pauvreté. Vous ferez l'acquisition de ces vertus, si vous suivez le précepte du Livre Sacré : « Celui qui aime son père et sa mère plus que moi, n'est pas digne de moi. » Il lui conseilla la vie érémitique, comme la plus haute philosophie et le meilleur moyen de mettre en pratique la sainte recommandation de Jésus-Christ. Le jeune enfant s'inclina sous la main bénissante du pieux vieillard. Le germe de la divine parole tombant dans une terre bien préparée porta des heureux fruits dans le cœur de saint Siméon L'avenir nous dira si la moisson fut abondante.

Sur la réponse de son vénérable conseiller, Siméon,

conduit par l'Esprit de Dieu, entre dans une église dédiée à de Saints Martyrs. Il se prosterne le visage contre terre et prie le Dieu qui veut le salut de tous les hommes de le conduire dans les voies de la perfection. Le silence du temple saint favorisait la piété de Siméon. Son oraison se prolongea longtemps encore et son cœur, tout débordant de joie par les divines consolations qu'il reçut, fut tout embrasé d'amour pour Dieu. Ses forces, cependant, trahissaient la ferveur de son âme. Un paisible et doux sommeil vint le ravir à son entretien avec Jésus-Christ, qui récompensa les saints désirs de son jeune serviteur par une agréable vision, qu'il avait coutume de raconter ainsi : « Il me semblait que je creusais des fondements et que quelqu'un me disait, en m'encourageant, de creuser encore plus profondément. Comme je voulais me reposer, il me donnait l'ordre de creuser toujours. Cet ordre, il le réitéra jusqu'à quatre fois. J'obéis à ses injonctions ; enfin il me dit que les fondements étaient assez profonds et que je pouvais sans crainte élever un édifice de la forme et de la hauteur que je voudrais. Cette voix s'exprimait ainsi : « Si tu veux bâtir un édifice solide, il faut que tu travailles sans te lasser, car il est impossible de faire de grandes choses sans un long et continuel travail. »

La prédiction, remarque Théodoret, fut vérifiée par l'événement, car les faits surpassent la nature humaine. S'étant réveillé là-dessus, ce songe demeura empreint si avant dans son âme, que le désir d'une vie plus parfaite lui fit abandonner le monde et embrasser l'état monastique. Cet état monastique, cette vie si extraordinaire n'étaient-ils point l'édifice que sa vision lui avait ordonné de creuser ? Ne devait-il pas opérer de grandes choses par le long et continuel travail de la pénitence et du renoncement ? Saint Siméon avait treize ans.

CHAPITRE II

Saint Siméon entre dans un monastère
Ses prodigieuses austérités

La grâce du Seigneur mit au cœur de saint Siméon l'énergique résolution d'obéir aux ordres du Ciel. L'Esprit sanctificateur allait opérer dans cette âme une grande merveille en l'attirant jusqu'aux plus sublimes sommets de la pénitence. La volonté de Siméon s'affermissait à mesure qu'il méditait les enseignements de la céleste vision dont Dieu l'avait favorisé. Se sentant, en effet, rempli d'un nouveau courage et d'une vigueur surnaturelle, il courut au plus proche monastère gouverné par le saint abbé Timothée. L'homme de Dieu, qui vit en lui l'ornement de sa maison et l'exemplaire sur lequel devaient se former aux vertus monastiques ceux qui vivraient à côté de lui, reçut avec bienveillance le petit pâtre du bourg de Cisan.

Comme tous les jeunes novices que Dieu appelle à l'honneur de le servir, Siméon se montra très fe vent et très zélé dans les débuts de sa nouvelle vocation. Les commencements en furent marqués par une piété extraordinaire et dès lors il donna l'indice de ce qu'il serait plus tard. Il resta plusieurs jours sans boire ni manger, ne demandant, dans sa grande humilité, d'autre faveur que celle d'être reçu en qualité de serviteur destiné aux plus viles fonctions de la Communauté. Son cœur était tout à la reconnaissance et son âme éprouvait de grandes délices à célébrer les louanges du Seigneur par les chants des psaumes sacrés. Il empruntait la voix du Prophète Royal pour traduire sa gratitude envers Celui qui l'avait accueilli au nombre de ses enfants privilégiés, en l'appelant à cette vie si pénitente qui allait être la sienne pendant de si nombreuses années. A la prière la plus continuelle il joignait la plus grande mortification, voulant imiter l'Apôtre saint Paul : « Toute ma gloire, je la trouve dans la Croix de Jésus-Christ. »

Trois années de cette vie si mortifiée s'écoulèrent rapidement et Siméon avançait, chaque jour, à pas de géant, dans la route de la perfection religieuse. Tel le jeune arbuste qui, sous l'influence des chauds rayons du soleil et des sucs humides de la terre, grandit et se développe incessamment, tel notre jeune anachorète, sous l'influence du divin Soleil de la Grâce et la suave onction de la prière, grandissait en âge et en sagesse devant Dieu et devant ses frères. La perfection n'a point de bornes et de limites, car elle est infinie comme Dieu.

Le désir d'une vie encore plus sainte et plus parfaite dévorait le cœur de saint Siméon. Pour répondre à la voix secrète de son âme, il passa dans un autre monastère où la règle était plus sévère et plus conforme à ses aspirations intérieures. Ce monastère de Thélède, près du mont Coryphée, était aussi gouverné par un saint abbé, nommé Héliodore, âgé de soixante-cinq ans et religieux d'une vertu consommée. Il vivait dans cette solitude depuis l'âge de trois ans et en avait passé soixante-deux sans sortir de l'enceinte du Couvent. Siméon fut tout heureux de se mettre sous la conduite d'un homme si expérimenté et si dévoué au service de ses religieux. Les conseils et les exemples de vertu qu'il voyait ne le laissèrent pas indifférent. Il en profita si bien que bientôt il surpassa en ferveur et en régularité tous ses compagnons de prière et de pénitence. Il servait Notre-Seigneur avec une telle générosité et un tel amour qu'il devint le modèle de la Communauté. Alors que tous les religieux pratiquaient la plus rigoureuse abstinence en ne mangeant qu'une fois le jour ou de deux jours l'un, Siméon, au contraire, passait des semaines entières sans prendre le moindre aliment. Ses supérieurs le persuadaient de porter quelque adoucissement à sa grande pénitence, mais ils ne purent ralentir son ardeur. Sa piété lui suggérait toutes sortes de stratagèmes pour pratiquer la sainte vertu de pénitence pour laquelle Dieu lui avait donné une prédilection spéciale. Souffrir, pour retracer en sa personne l'image du Sauveur des hommes, était l'ambition sainte dont son cœur se nourrissait. Les macérations et les austérités qu'il s'imposait ont été si dures et si cruelles que la seule pensée en effraie nos natures amollies par le sensualisme et la jouissance. Si les faits que l'on rapporte n'étaient affirmés par des historiens dignes de foi et contemporains de saint Siméon, plus d'un esprit les révoquerait en doute, tant ils sont prodigieux et au-dessus des forces naturelles de l'homme.

Aussi peut-on dire que la vie de saint Siméon a été un miracle permanent. L'amour de la souffrance pour Dieu l'entraînait jusqu'au mépris de sa santé dont il ne tenait jamais aucun compte, pourvu qu'il lui fut donné d'assouvir la soif de la mortification qui le consumait. Un jour entr'autres, il prit une corde tissue de myrte sauvage, sorte de palmier qui est très rude et très piquant, s'en ceignit le corps depuis les reins jusqu'aux épaules. Il la serra avec tant de violence qu'elle scia tout son corps et y fit de grandes plaies. Les vers qui en tombaient, le sang qui coulait avec abondance et l'infection qui s'en exhalait découvrirent bientôt le secret. Les frères crurent de leur devoir de prévenir l'abbé, afin que celui-ci, par son autorité, lui imposât quelques remèdes pour panser et guérir ses blessures. Siméon se soumit par obéissance, mais les souffrances, loin de s'apaiser, recommencèrent plus douloureuses. On fut trois jours à humecter ses vêtements pour les détacher de la chair, à laquelle ils étaient fortement collés par le sang. La corde elle-même était si enfoncée dans les chairs, qu'elle paraissait ne faire qu'un corps. Des douleurs atroces lui furent infligées quand les médecins voulurent extraire cette corde et appliquer les médicaments. Notre Saint supporta ces grandes épreuves avec bonheur, car il trouvait là un moyen de satisfaire son désir insatiable de la pénitence. De semblables austérités altérèrent sa santé et l'abbé Héliodore lui imposa, au nom de la sainte obéissance, l'obligation de se laisser soigner. Quand il fut guéri, les supérieurs le prièrent de se retirer du monastère, de crainte que son extraordinaire ferveur ne devint préjudiciable à des religieux plus fervents qui voudraient l'imiter.

CHAPITRE III

Siméon se retire dans la solitude de Télanisse. — Jeûne de quarante jours. — Il s'attache à une pierre au moyen d'une chaîne.

« Que celui qui est saint, a dit l'Eternelle Sagesse, devienne encore plus saint. » Siméon avait entendu et compris cette recommandation et il mit tous ses efforts à marcher, à grands pas, dans le chemin qui conduit à Dieu. Pour continuer sa pénitence dont rien ne pouvait le détourner, Siméon se retira dans le lieu le plus désert de la montagne, et, pour se soustraire aux regards curieux et importuns des hommes, il descendit dans une citerne abandonnée et sans eau. Dans cette nouvelle retraite, son âme contemplait le Ciel vers lequel il avait les yeux de son corps et de son âme constamment fixés. Nuit et jour il était en oraison et chantait les louanges du Seigneur. Au bout de cinq jours, l'abbé Héliodore, inquiet sur le sort de Siméon et troublé par des visions qu'il éprouvait à son sujet, se mit à sa recherche, accompagné de cinq de ses religieux. Le silence de ce lieu désert n'était troublé que par les cris des bêtes féroces. Jamais, peut-être, parole humaine n'avait fait retentir les échos d'alentour. Il avait été réservé à saint Siméon d'y faire résonner, dans ce lieu sauvage, le doux chant des cantiques et le suave murmure de la prière à Dieu. C'est le son de cette voix humaine, retentissant seule au milieu du grand calme du désert, qui fit découvrir aux religieux l'endroit de sa retraite. Ils le tirèrent avec grand peine de ce puits, au moyen de longues cordes, et il fut conduit au couvent où il ne séjourna guère, parce qu'il désirait vivre encore d'une vie plus austère et plus pénitente. Le Saint-Esprit, qui l'appelait à être un modèle pour les chrétiens lâches et sensuels, le conduisit au pied d'une montagne, au bourg de Télanisse, près d'Antioche, où il se construisit lui-même, avec des pierres seulement et sans mortier, une cabane pour s'abriter contre les intempéries de la saison. Il s'enferma dans cette demeure pendant trois ans et y vécut dans la pratique de la pénitence et le saint exercice de l'oraison. Dans cette solitude, sa vie fut plus angélique qu'humaine.

Le Saint Evangile, qui était le livre où il aimait à apprendre le moyen d'imiter le Sauveur, lui inspira le généreux dessein de repousser le tentateur par le jeûne le plus rigoureux. Jésus n'avait-il pas crucifié sa chair par un jeûne de quarante jours ? « Jésus, nous dit le texte sacré, plein de l'Esprit de Dieu, quitta le Jourdain et fut conduit, par l'impulsion de ce même Esprit, dans un désert pour y être tenté par Satan. Durant quarante jours et quarante nuits, il s'abstint de toute nourriture et demeura parmi les animaux. »

Moïse, le grand législateur d'Israël, Elie, le prophète enlevé de ce monde sur un char de feu, n'ont-ils pas retrempé leurs forces dans le bain salutaire du jeûne et de la pénitence ? Siméon ne devait-il pas, lui aussi, marcher sur des traces si glorieuses et se montrer le fidèle disciple de Jésus par le jeûne et la pénitence ?

Rempli de cette sublime pensée, il va confier son projet à un prêtre instruit et vertueux nommé Bassus. Le prêtre l'encourage, lui donne des conseils de haute sagesse en lui faisant remarquer, afin de modérer son ardeur, que se donner la mort n'est pas une vertu, mais le plus grand de tous les crimes.

« Mon Père, lui répond Siméon, mettez dans ma cabane dix pains et un vase plein d'eau, si j'ai besoin de nourriture, j'en prendrai. »

« Il passait les premiers jours de la quarantaine, rapporte Théodoret, son historien, tout debout à louer Dieu; les jours suivants, son corps affaibli par le jeûne, n'ayant plus la force de se tenir en cet état, il demeurait assis et disait ainsi son office ; et, les derniers jours, ses forces étant entièrement abattues et se trouvant comme à demi-mort, il était contraint de se tenir couché. »

Au bout de quarante jours, Bassus vint frapper à la porte de Siméon. Il le trouva prosterné, mais sans voix et sans mouvement. Le prêtre s'approcha du pénitent, prit une éponge imbibée d'eau et lui humecta la bouche. Siméon revint à lui et bénit Dieu de lui avoir accordé la faveur d'avoir pu passer quarante jours dans le jeûne le plus absolu. Cette heureuse épreuve confirma notre saint anachorète dans l'idée qu'il pouvait désormais affronter, sans péril, ces austérités excessives. En effet, il se condamnait souvent au jeûne et avec un tel succès, qu'au lieu de tomber en défaillance, comme il lui était arrivé la première fois, il devenait plus fort et plus vigoureux. Les derniers jours de son jeûne, il ne ressentait plus de fatigue et n'avait même pas besoin de se coucher, ni de s'asseoir ni de s'appuyer.

Après un Carême si nouveau qu'il termina par la sainte Communion qu'il reçut des mains de Bassus, il ajouta encore à la rigueur de sa solitude. Il choisit alors pour demeure une cellule située sur le haut d'une montagne, en Syrie, au-delà du bourg de Télède. Là, il se fit une enceinte de murailles, sans toit, dans laquelle il s'enferma. Jugeant que par lui-même il pouvait se donner trop de liberté et manquer ainsi, par un côté, à la loi de la pénitence qu'il s'était imposée, il attacha une chaîne de fer de vingt coudées de long à une grosse pierre et se la passa au pied droit comme un forçat de galères. Dans cet état, comme il le disait lui-même, il n'avait plus que la liberté de contempler le ciel et de soupirer après Notre Seigneur Jésus-Christ. La méditation des biens célestes occupait son esprit et réchauffait son cœur.

Malgré la ferme volonté qu'il avait de fuir constamment le commerce des hommes, pour n'être point distrait de la pensée de Dieu, cette vie si étrange avait frappé l'imagination des rares voyageurs qui passaient par ces lieux et racontaient ce qu'ils avaient vu. Ce fut sur le récit de certains explorateurs que Mélèce, évêque d'Antioche, se décida à constater la vérité de leurs affirmations. Mélèce vint le visiter dans cette prison volontaire et apprit de la bouche même du Saint, qu'il s'était enchaîné de la sorte pour s'ôter le pouvoir de passer les bornes de sa clôture. Mélèce lui conseilla de briser cette chaîne, en lui faisant observer fort à propos, que les bêtes fauves seules avaient besoin de liens, mais que pour l'homme la volonté suffisait à tenir le corps sous le joug de l'âme. Siméon comprit cette vérité et se rendit aussitôt à l'avis charitable de l'évêque.

On fit venir un forgeron qui détacha la chaîne et rendit au captif volontaire, la liberté dont il s'était privé pour l'amour de Jésus-Christ. Ces actes, qui étonnent notre foi, nous prouvent combien grand est l'amour des Saints pour Dieu. Aucun sacrifice ne leur coûte dès qu'ils savent que Dieu le demande et que sa gloire en profitera. Ce sont ces pensées qui faisaient agir Siméon et qui le rendaient si obéissant aux divines inspirations de la grâce sainte. Nous verrons, dans la suite, que Dieu se l'attirera tout entier en lui demandant de renoncer à lui-même pour le donner en exemple à ses contemporains et aux fidèles de tous les âges de l'Eglise Catholique.

CHAPITRE IV

Renommée de saint Siméon. — Grand concours de peuple à sa solitude. — Il se recommande aux prières de sainte Geneviève de Paris.

La vie que Siméon menait dans la solitude de Télède était si prodigieuse que sa réputation et le renom de sa sainteté se répandirent de toutes parts. De tous les bourgs du voisinage, les hommes accouraient à la solitude de Télède pour voir et contempler le serviteur de Dieu. Ce n'était pas un homme, mais un ange revêtu des formes humaines. Les multitudes s'y succédaient sans interruption, si bien que ce désert, jadis silencieux, n'avait rien de solitaire et l'animation des pèlerins le faisait ressembler à une grande ville. Les uns y venaient attirés par la curiosité, d'autres plus nombreux pour demander les prières et les conseils du bienheureux pénitent. Les malades, accablés d'infirmités, venaient chercher la santé du corps. Les pécheurs repentants se rendaient à Télède pour voir un modèle et suivre les conseils de celui qu'ils vénéraient à l'égal d'un prédestiné. Les affligés imploraient sa bénédiction et s'en retournaient consolés. Les époux justes et craignant Dieu, mais sans postérité, se recommandaient à ses prières pour obtenir du Ciel un gage de leur mutuel amour. Enfin, il n'est personne qui, ayant sollicité la charité du Saint, s'en est retourné sans avoir obtenu la grâce demandée. Ces faveurs que Dieu accordait par l'entremise de son Serviteur, augmentaient sa renommée, de sorte que son ermitage, selon la manière de parler de Théodoret, était comme *une grande mer d'hommes et de femmes de toutes conditions, et les chemins qui y conduisaient étaient comme de grands fleuves qui venaient se décharger dans cette mer*. On y rencontrait même des pèlerins des endroits les plus éloignés de la terre : des Israëlites, des Perses, des Arméniens, des Géorgiens. Les habitants de nos régions les plus occidentales, l'Italie, la Gaule, la Grande-Bretagne, se rendaient au pays de saint Siméon et imploraient son puissant crédit auprès de Dieu. A Rome, en particulier, sa réputation était si grande que les artisans avaient mis de petites images du Saint à l'entrée de leurs boutiques pour attirer sa protection, et Théodoret ajoute qu'il n'y avait point, dans la Ville Eternelle, une maison qui n'eût son portrait comme une sauvegarde toute puissante. Sa renommée était universelle et dans le monde entier, les chrétiens s'entretenaient de ses vertus et de ses miracles. De loin comme de près on se recommandait à son intercession et Dieu se plaisait à exaucer la confiance de ses enfants.

Parmi les nombreux visiteurs attirés à la solitude de Télède, se trouvaient des marchands venus de Paris, capitale des Gaules et qui se rendaient habituellement en Egypte pour le commerce des peaux d'animaux. Eux aussi, comme tant d'autres étrangers, avaient entendu parler des faits merveilleux dûs à l'intervention du solitaire de Télède que tout le pays invoquait dans le danger. Avant de s'en retourner dans leur patrie, ils voulurent vérifier la vérité de ce que leur apportait la renommée sur cet homme extraordinaire. Plus que tout autre motif, la curiosité les conduisit vers saint Siméon. A peine furent-ils en sa présence qu'il les discerna du milieu de la foule. Il s'adressa particulièrement à eux et leur demanda le service de remettre, de retour à Paris, à Geneviève, leur compatriote, une lettre par laquelle il se recommandait aux prières charitables de la Vierge de Nanterre. A cette même époque, en effet, vivait humble et craignant Dieu, celle qui, plus tard, devait par sa sainteté, illustrer la ville de Paris. Dieu avait découvert à saint Siméon la faveur dont jouissait Geneviève par sa vie pure et mortifiée. C'est sous l'influence de cette divine inspiration que notre Saint écrivit cette lettre. Pour immortaliser ce touchant souvenir, l'Eglise de Paris a gardé dans ses offices la mémoire de saint Siméon Stylite. N'est-ce point le fait de la lettre écrite par Siméon à la Vierge gauloise que le nom, la vie et les miracles du Saint Pénitent ont été connus dans les Gaules et qui ont déterminé les peuples à se mettre sous sa protection? Paris conserve précieusement le souvenir de ses relations avec sainte Geneviève; la paroisse de Pinet se fait honneur et gloire de porter le nom de saint Siméon et de vivre sous sa protection toute céleste. Qu'il daigne, du haut du Ciel, bénir la ville et le diocèse de Paris qui nous ont gardé cette pieuse tradition et nous montrer par là quels sont les titres de saint Siméon à notre culte et à notre aimante vénération. Paris, c'est le cœur de la France, c'est donc la France toute entière que saint Siméon protège et recommande à Dieu.

CHAPITRE V

**Siméon monte sur une colonne
Sa vie admirable et pénitente**

Le prophète David, dans un transport de reconnaissante admiration s'écrie : « Dieu est admirable dans ses saints. » Ne savons-nous pas que dans l'Eglise de Dieu se trouve renfermé le trésor varié de la sainteté ? « Les uns, dit l'Apôtre saint Paul, ont été établis apôtres, prophètes, docteurs. D'autres ont la puissance de faire des miracles; d'autres ont la grâce de guérir les maladies. Certains possèdent le don d'assister leurs frères, de les gouverner. Tels autres parlent diverses langues et d'autres les interprêtent. » Le Seigneur ne s'est-il pas fait tout à tous pour les ramener tous vers son Père ? Ne soyons donc pas surpris du nouveau genre de vie adopté par saint Siméon. Prier et glorifier Dieu, instruire et édifier ses frères en Jésus-Christ, tel est le but qu'il va poursuivre jusqu'au terme de ses jours. Pour atteindre cette fin si sublime, il ne craindra pas d'employer un moyen inaccoutumé qui fera l'étonnement des siècles, mais qui lui permettait de prêcher ainsi Jésus-Christ, son Sauveur.

L'humilité de Siméon se sentait importunée de la foule innombrable qui s'empressait, chaque jour, autour de lui pour le toucher et emporter quelques morceaux de ses vêtements comme des reliques pouvant attirer la bénédiction du ciel. C'étaient des talismans précieux que chacun conservait soigeusement. Il consulta le Seigneur pour savoir ce qu'il devait faire en cette circonstance. L'Esprit de Dieu qui l'assistait, lui fit prendre la résolution de monter sur une colonne, en grec *stylé* ou *stylos*, d'où le nom de *stylite*, et d'y vivre seul dans la prière et la mortification. Théodoret dit qu'il imagina cette manière de vivre par une spéciale providence de Dieu : Non seulement pour exciter les tièdes et les lâches à la pénitence, en les faisant rougir de honte par l'exemple de ses austérités, mais aussi afin de donner aux infidèles assis à l'ombre de la mort, la connaissance du Christ Jésus, Sauveur et Rédempteur des hommes. Il fit cela afin de ramener aussi les hérétiques qui troublaient l'Orient par leurs doctrines erronées. Ses prédications en faveur de la vérité lui méritèrent les surnoms glorieux de *Boulevard* et *défenseur* de l'Eglise Catholique.

Il passa quatre ans sur cette première colonne haute de six coudées. Il en fit élever une autre haute de douze coudées, puis une troisième de vingt-deux. Il demeura treize ans tant sur l'une que sur l'autre. Les vingt-deux dernières années de sa vie, il les passa sur une quatrième colonne haute de quarante coudées. La colonne se terminait par une balustrade formant une petite enceinte de trois pieds de diamètre : c'est là que Siméon se tenait debout nuit et jour, exposé aux vents et à la pluie, à la neige et aux frimas.

« Que n'ai-je la langue des anges, écrit un de ces disciples, pour pouvoir dignement représenter la manière céleste dont cet homme vécut sur ces colonnes, le grand bruit qu'il fit dans le monde et les prodiges incroyables que Dieu opéra par son moyen ! Il n'avait ni chambre ni abri ; il était exposé aux ardeurs du soleil, aux rigueurs du froid, à la pluie, à la neige, à la grêle, aux tempêtes et à toutes les injures de l'air. » On ne peut pas dire qu'il mangeât, puisque Théodoret assure qu'il ne mangeait que de quarante jours l'un, excepté la sainte Eucharistie qu'il recevait tous les huit jours. Jamais on ne le voyait ni couché, ni assis, mais il était toujours debout ou le visage prosterné en terre pour prier. Son oraison durait depuis le soir jusqu'au lendemain midi, et, lorsqu'il parlait debout il faisait un nombre infini d'inclinaisons pour adorer la majesté de Dieu. Aux principales fêtes de l'Eglise, il priait toute la nuit, les yeux et les mains élevés au Ciel, sans qu'on s'aperçut jamais qu'une posture si gênante le lassât, et sans qu'il fût obligé de l'interrompre. » ·

Le même disciple rapporte que Siméon s'imposait de cruelles pénitences. Il passa un an entier à ne se soutenir que sur un pied. Il s'infligea ce supplice pour expier la confiance qu'il avait témoignée, un moment, au démon qui lui apparût transformé en ange de lumière.

Malgré l'habitude qu'il avait de déjouer les artifices de l'Enfer, Dieu permit, pour le rendre plus vigilant et plus humble, qu'il fût surpris dans un piège dangereux. Il crut voir, non l'esprit tentateur, mais un ange du Ciel venu à lui sur un charriot, tout rayonnant de feu céleste. L'Esprit s'étant approché lui fit connaître que Dieu l'envoyait pour le transporter dans la gloire qui lui était préparée. Le

Saint, privé en ce moment de son discernement ordinaire, *leva le pied* pour monter dans le charriot ; mais au signe de la Croix qu'il fit pour bénir son départ, le fantôme disparut. Siméon reconnut son erreur et s'en punit de la manière cruelle dont nous avons parlé. Ces faits nous montrent la nécessité où nous sommes de veiller sans cesse pour n'être point trompés par l'ennemi et plaçons toujours notre confiance et notre espoir en Celui qui est notre salut.

Le démon profite, pour nous faire tomber, de notre assurance et bien souvent sommes-nous les victimes de notre irréflexion. Siméon nous est un exemple. Lorsque nous aurons discerné le mobile directeur de notre acte, sachons revenir à Dieu, et, munis du signe sacré de la Croix, confions-nous en Celui qui contemple notre combat et en attend l'issue pour nous décerner la couronne dûe aux soldats valeureux.

CHAPITRE VI

Siméon reçoit les ordres du Ciel. — Il est le défenseur de l'opprimé. — Il prêche l'Evangile et convertit les pécheurs.

On s'étonnait alors et l'on s'étonne encore aujourd'hui d'un genre de vie si extraordinaire. Les desseins de Dieu sont impénétrables, et ce n'est pas sans raison que l'Esprit-Saint a conduit lui-même le serviteur de Dieu par des voies surnaturelles et jusqu'à lui inexplorées. Pour lui manifester sa divine volonté le Seigneur gratifia Siméon de la vision de saints personnages de l'Ancien Testament. Par deux fois, le prophète Elie lui apparut sur un char de feu et lui recommanda fortement deux points : le zèle pour l'Eglise et la défense des pauvres.

« Aie soin, lui dit-il, que personne ne méprise le sacerdoce, mais que tout le monde obéisse aux ministres sacrés. Surtout, aie soin des pauvres ; que les malheureux de toute espèce, les opprimés, les orphelins et les veuves sachent bien que jamais ton assistance ne leur fera défaut, mais que toujours, au contraire, tu seras leur défenseur et leur père. Prends garde de céder jamais aux menaces des préfets et des rois ou de paraître ambitionner la faveur des riches.

» Reprends avec la même équité et en public, le riche et le pauvre. Arme-toi de patience et de douceur, afin que jamais rien ne te fasse quitter ton devoir. »

Cet ordre du Ciel le trouva prêt à remplir cette nouvelle charge. Il se fit le défenseur des opprimés. Trois cents pauvres ouvriers d'Antioche vinrent au pied de sa colonne implorer son intervention en leur faveur. Ils avaient à se plaindre du préfet d'Antioche. Leur corporation devait tous les ans, comme impôt, teindre un certain nombre de peaux. Le préfet, homme cruel, en exigea trois fois plus. Les ouvriers qui se voyaient ruinés par cette contribution tyrannique, envoyèrent trois cents d'entre eux à Siméon qui, touché de compassion, fit dire au préfet de ne point opprimer ces malheureux, mais de se contenter du tribut ordinaire. Le préfet se moqua du Saint et menaça les ouvriers de les faire pourrir dans les cachots de la ville. Il n'en eût pas le temps. Les trois cents ouvriers n'avaient pas encore quitté l'enceinte de Siméon, qu'on vint annoncer que le préfet, saisi d'une hydropisie soudaine, se roulait par terre dans d'effroyables douleurs. Bientôt arrivèrent des lettres où il suppliait le serviteur de Dieu d'avoir pitié de lui ; enfin, d'après ses instances, tous les prêtres de son gouvernement se rendirent au pied de la colonne pour supplier le Saint de lui rendre la santé. Siméon répondit qu'il fallait remettre à Dieu cette affaire ; en même temps il bénit de l'eau, et dit : Si Dieu prévoit que cet homme venant à guérir se conduira mieux, dès qu'il aura été aspergé de cette eau, il sentira la grâce de Jésus-Christ, mais si Dieu prévoit le contraire, je vous le prédis, le malade ne verra point cette eau. On dépêcha un exprès qui fit toute la diligence possible ; mais à peine entré dans la maison, il apprit que le préfet venait d'expirer dans d'horribles convulsions. Cet exemple répandit une terreur salutaire sur les méchants et ranima l'esprit des opprimés.

Une reine d'Arabes avait un ministre qui tyrannisait les veuves et les orphelins, ainsi que tout le pays. Les habitants envoyèrent une ambassade à Siméon pour lui exposer leur malheur. Le Saint, touché de pitié au récit des vexations dont les habitants d'Arabes étaient les victimes, envoya dire au ministre cruel :

« Prends garde, fais des efforts pour te corriger des crimes dont on t'accuse, de peur que ravissant le bien d'autrui, tu ne perdes aussi le tien. » Mais ce ministre, loin d'acquiescer à cette remontrance, maltraita le messager qui la lui avait transmise. La punition ne tarda pas. Le messager n'était point encore parti quand le ministre tomba comme foudroyé et expira en disant : « Seigneur Siméon, de grâce, ayez pitié de moi, »

Deux frères, encore jeunes, arrivèrent d'Antioche, pour réclamer la protection de saint Siméon contre le comte d'Orient, homme d'une grande cruauté qui les persécutait à cause d'une vieille inimitié contre leur père qui était mort. Le serviteur de Dieu qui avait été lié d'amitié avec le père reçut la plainte des deux orphelins et se constitua leur défenseur. Il admonesta le comte en ces termes:

« Ne faites point de mal à ces enfants, car ils sont à moi. »

Le Comte usa d'hypocrisie et de ruse. Il répond que loin de leur vouloir la mort, il était prêt à leur rendre les plus humbles services. Cette réponse n'était qu'une moquerie du Comte à l'adresse de Siméon. Le Carême approchait. Pendant ce temps consacré à la pénitence, Siméon avait coutume de n'admettre personne dans son enceinte. Le Comte, pour exercer sa vengeance, voulait profiter de ce que le saint anachorète, tout occupé de Dieu, négligeait en quelque sorte les affaires humaines. Les jeunes gens étant revenus à la ville, le Comte les fit arrêter, les menaça de la prison s'ils ne se soumettaient à toutes ses exigences et en informa dérisoirement Siméon par une lettre. Celui-ci lui répondit ces mots : « Je vous avertis une seconde fois ; ne faites point de mal à ces enfants de peur qu'il ne vous en arrive, que vous ne soyez vous-même traîné en justice et qu'alors vous ne cherchiez vous-même un défenseur. »

Le Comte répliqua : « J'apprends que pendant ces quarante jours, vous fermez votre enceinte, pour les passer en retraite. Vous me ferez donc grand plaisir d'employer tout ce temps à me souhaiter du mal, car si vous me souhaitez du bien, je ne veux pas qu'il m'arrive. »

Siméon, en lisant cette lettre, ne put retenir ses

larmes. « Le malheureux, s'écria-t-il, il a souhaité la malédiction au lieu de la bénédiction, Dieu l'exaucera plutôt qu'il ne pense. » Le troisième jour de la première semaine du jeûne, deux jours après que Siméon se fut enfermé, le Comte traversait, sur un char la place publique, lorsque tout d'un coup il est arrêté par cinq officiers du palais, traîné la corde au cou devant le tribunal, où de nombreux accusateurs demandaient vengeance de ses nombreuses iniquités. Le maître de la Cavalerie qui avait reçu les ordres secrets de l'Empereur, le condamna à une grosse amende et le fit jeter en prison. Alors, se voyant l'objet des plus justes représailles de la justice humaine, il fit supplier les deux jeunes gens d'intercéder pour lui auprès du Stylite de Télède, et de lui obtenir des lettres pour l'Empereur. Les deux orphelins lui firent observer que c'était le temps où le Saint, plus absorbé par la pénitence et tout entier à Dieu, ne recevait personne dans son enceinte. Cette particularité les empêchait de se montrer bienveillants à son égard et d'en référer au Saint qui, sans doute, en un autre temps, aurait traité lui-même son affaire avec l'Empereur et les préfets du prétoire. Abandonné ainsi de tout le monde, le malheureux fut ignominieusement conduit par toutes les villes jusqu'à Constantinople, où l'Empereur le priva de tous ses biens et le condamna à l'exil : il n'arriva pas même au lieu de son bannissement, mais périt misérablement en route.

Ce ministère de charité que Siméon exerçait, avec tant de zèle, envers les malheureux, l'absorbait tout entier et n'était que la mise en pratique de la parole de l'Evangile : « Aimez-vous les uns les autres. — Si vous présentez votre offrande à l'autel, et que là, vous vous souveniez que votre frère a quelque grief contre vous, laissez votre offrande devant l'autel et allez vous réconcilier avec votre frère. Alors, seulement vous pourrez venir présenter votre offrande. — Soyez miséricordieux comme votre Père céleste est miséricordieux. »

Notre Saint avait au cœur le salut des âmes et pour ramener les malheureux pécheurs à la vérité et au devoir, il prêchait, tous les jours, deux fois, du haut de sa colonne. Tous ses discours ne tendaient qu'à persuader à ses auditeurs le mépris des choses terrestres et d'attacher leur cœur au Ciel. Il combattait vivement les Juifs, les hérétiques, les païens, moins pour les confondre que pour les gagner à Dieu.

En ce point aussi, nous devons regarder saint Siméon comme notre modèle pour combattre les ennemis de notre foi. Comme notre Bienheureux, par la parole et par l'exemple défendons les droits de Dieu et de la sainte Eglise, mais dans ces luttes, n'oublions pas que notre devoir est de traiter avec charité les adversaires du nom de Jésus-Christ.

Par ses prédications et ses miracles, Siméon convertissait les infidèles qui venaient le voir. A sa parole, ils brisaient leurs idoles en sa présence, recevaient le saint baptême et apprenaient de sa bouche les lois suivant lesquelles ils devaient vivre. Les pécheurs les plus endurcis étaient attendris ; témoin cet insigne voleur et meurtrier, un nommé Antiochus qui conçut, auprès de la colonne où il s'était réfugié, une si véhémente contrition de ses crimes, qu'une voix céleste l'ayant assuré qu'ils lui étaient pardonnés, il mourut de douleur en prononçant ces paroles : « *Mon Seigneur J.-C., Fils unique du Père Eternel, qui n'êtes pas venu pour les justes, mais pour les pécheurs, recevez mon esprit entre vos mains.* » Plus d'une fois, à la suite de ses exhortations, une peuplade entière prenait l'engagement par écrit d'être fidèle aux saintes lois de Dieu. La tradition nous a conservé un monument admirable de l'enthousiasme des peuples et de leur obéissance aux pressantes exhortations de saint Siméon. Ce sont les habitants de la bourgade de Phanir qui, revenus à Dieu, écrivent au Saint l'engagement qu'ils forment de vivre désormais en bons chrétiens. Nous transcrivons ici cette lettre.

Lettre de la Bourgade de Phanir

Cosme, prêtre du Christ, les diacres et les lecteurs de l'Eglise de Phanir, les magistrats de Phanir au serviteur de Dieu, Siméon.

« Vénérable Père,

« Nous nous faisons tous une sainte obligation de déposer à vos pieds le témoignage de notre obéissance aux lois du Seigneur. Nous prenons tous l'engagement de suivre les préceptes que vous nous avez enseignés. Dans la suite, nous sanctifierons par le repos et la prière le jour consacré à honorer le Seigneur. Le vendredi sera, pour tout le pays de Phanir, le jour de la pénitence et du repentir. Vis-à-vis de notre prochain, nous n'aurons pas deux mesures, mais une seule et qui sera juste et sans fraude.

Nous promettons de ne jamais envahir le champ de notre voisin et de payer à l'ouvrier le salaire mérité par son travail. A ceux qui sont dans l'obligation de faire l'emprunt, nous réduirons à moitié l'intérêt du prêt, et à nos débiteurs libérés de leurs dettes nous rendrons le billet par eux souscrit. Les jugements se feront en toute justice et les juges, pour rendre leurs arrêts, ne se laisseront pas corrompre par des présents. Les calomniateurs et ceux qui se lieront d'amitié avec les malfaiteurs et les voleurs n'auront point de commerce avec nous. Nous nous efforcerons de réprimer les contempteurs des lois divines et humaines et nous fréquenterons assidûment l'église. Que si quelqu'un ose violer ces règlements, ravir le bien d'autrui, opprimer les innocents, suborner les juges, prendre quelque chose aux orphelins, aux veuves, aux pauvres, qu'il soit anathème ! Car tout ce que vous nous avez prescrit, ô Père, et que nous avons ratifié, nous voulons qu'on l'observe à l'avenir. Et ce que nous avons promis, nous jurons de le faire ; nous le jurons par Dieu et par son Christ et par l'Esprit vivifiant et sanctificateur et par la victoire de nos seigneurs les empereurs. Si quelqu'un ose y contrevenir, qu'il soit anathème, d'après votre parole ; nous le reprimanderons, nous n'aurons point de communion avec lui, on ne recevra point son offrande à l'Eglise, nous n'assisterons pas à la sépulture des siens. »

On voit par ce témoignage d'une piété si digne, la salutaire influence de Siméon sur ses contemporains. Souvent même, au pied de sa colonne, les créanciers remettaient leurs dettes aux pauvres ; les maîtres, épris de pitié pour le malheureux sort de leurs esclaves, les renvoyaient libres.

Lorsqu'à la fin du Carême, Siméon rouvrait ses portes pour recevoir les demandes et les plaintes, non seulement la montagne de Télanisse, mais les montagnes des environs, fourmillaient de peuple. Le voir de loin suffisait à un grand nombre de pécheurs et de pécheresses pour embrasser la pénitence et se retirer dans des monastères. On l'invoquait absent comme présent. Après une traversée, les nautonniers venaient lui rendre grâce de les avoir secourus dans la tempête et de les avoir sauvés du naufrage. Les chrétiens de Perse lui envoyaient des lettres et une ambassade pour lui rendre grâce d'avoir délivré de prison trois cent cinquante d'entre eux et d'avoir fait cesser la misère par la fin tragique du mage qui l'avait excitée.

Siméon exerçait la charité pour ramener les âmes vers Dieu et en cela il obéissait aux préceptes du Ciel qui lui furent manifestés comme nous l'avons déjà vu. Il nous reste à admirer avec quelle bonté le Seigneur se plaisait à exaucer la prière de son serviteur et combien grande était sa puissance sur le cœur de Dieu.

CHAPITRE VII

Rapports de saint Siméon avec les puissants du siècle.— Ses miracles.

Notre bienheureux Saint ne se contentait pas de reprendre les pécheurs de condition ordinaire pour les faire rentrer en eux-mêmes, mais il portait aussi la hardiesse jusqu'à avertir, de vive voix ou par écrit, les prélats et les princes de ce qui était de leur devoir, et ses avis étaient reçus comme si un ange avait parlé.

L'empereur Théodore-le-Jeune se montra très respectueux et déférent pour les avis qu'il en reçut. Les actes du concile d'Ephèse rapportent une lettre de ce prince par laquelle le même empereur suppliait notre Saint de travailler à la paix de l'Eglise. Dans cette lettre l'empereur lui demandait d'obtenir de Jean, patriarche d'Antioche, de ne plus prêter son appui et son concours à la cause de l'impie Nestorius.

L'empereur Léon, deuxième successeur de Théodore, lui écrivit relativement au Concile de Chalcédoine.

Le prince lui signalait l'audace de Timothée Elure qui, après avoir fait mourir Prothère, patriarche d'Alexandrie, s'était emparé de son siège. En cette occasion si pénible pour sa religion, Siméon ne manqua pas de faire paraître son zèle pour l'Eglise. Sa réponse à l'empereur fut de lui donner l'exemple de l'obéissance et de la soumission aux ordonnances et décrets du Saint Concile et en même temps lui faire part de la juste indignation qu'il avait conçue contre ce faux évêque.

Il rendit le même devoir à Basile, patriarche d'Antioche, son propre prélat, et il le fit avec tant d'humilité, que dans cette lettre il se nommait un *ver vil et abject et l'avorton des moines,* lui, qui en était plutôt l'exemple et le modèle. Le roi de Perse conçut pour Siméon la plus haute estime. Ses ambassadeurs et ses conseillers l'entretenaient souvent de sa manière étrange de vivre. La reine, son épouse, demanda de l'huile sur laquelle Siméon avait tracé le signe de la croix et la princesse reçut cette huile comme un grand présent dont elle userait dans les grandes maladies comme un remède efficace et sûr

Tous les courtisans de la cour, malgré les calomnies des méchants, s'informaient de sa conduite et n'en parlaient qu'avec le plus grand respect en le nommant « *un homme divin.* »

Au milieu de cette gloire que lui attiraient ses vertus et ses mérites, il était si humble qu'il se croyait le dernier des hommes. De facile accès, doux et agréable, il répondait à tout le monde, même aux hommes de condition basse et moins qu'ordinaire : le paysan, le mendiant. A ceux qu'il avait guéris par ses prières il leur faisait cette recommandation : « Si quelqu'un vous demande qui vous a guéri, répondez que c'est Dieu ; gardez-vous de parler de Siméon, autrement je vous avertis que vous retomberez dans votre mal. »

Il avait été doué par Dieu du don de prophétie. Un jour, il vit une verge qui menaçait la terre d'une grande et effroyable calamité. Dieu lui fit connaître que c'était le signe d'une sécheresse extrême, suivie de la famine et de la peste qu'il voulait envoyer au monde pour le punir de ses crimes. Il en avertit le peuple qui était autour de la colonne. Deux ans après cette prédiction on vit le funeste accomplissement de sa parole.

Une autre fois, il vit deux verges qui descendaient du Ciel, l'une venant du côté de l'Orient et l'autre du côté du Septentrion. Il lui fut dit que ces verges annonçaient l'invasion des Perses et des Scythes dans l'empire romain. En effet, ces peuples firent de grands préparatifs de guerre pour s'y jeter; mais le Saint fit tant, par ses prières et par ses larmes, qu'il détourna ou du moins différa ces fléaux. Il prédit encore, en une certaine année, qu'il naîtrait bientôt une si prodigieuse armée de sauterelles, de hannetons et autres insectes qu'elle couvrirait toute la campagne, mais que le dommage n'en serait pas si grand qu'on pourrait le supporter. Quinze jours après, il y eut dans le Ciel une si grande quantité de ces insectes que l'air en était même obscurci. Ils ne ravagèrent que les prairies, et ne firent point de tort aux grains dont l'homme se sert pour sa subsistance.

Il serait trop long de rapporter un par un tous ses miracles que l'on aurait peine à compter. Nous n'en citerons seulement que quelques-uns et des plus remarquables.

Il fit jaillir une fontaine en un lieu sec où les hommes avaient besoin d'eau, car ils étaient dans une extrême nécessité.

La reine des Ismaélites qui se lamentait de n'avoir pas le bonheur d'être mère vint se recommander à ses prières et bientôt Dieu mit un terme à sa douleur maternelle en lui donnant un fils. La reine des Sarrasins se trouvait dans la même peine. Sa demande fut également exaucée. Le Ciel lui octroya la faveur de donner le jour à une fille ; mais cette enfant étant, à l'âge de trois ans, devenue paralytique et toute contrefaite, faisait le tourment de sa mère. Elle implora encore les bénédictions du Saint Stylite et Dieu, par son intervention, lui accorda une santé parfaite et à toute épreuve.

Une femme, par inadvertance avait absorbé une couleuvre. Elle se trouvait réduite à l'extrémité par suite des piqûres venimeuses que le reptile avait opéré dans ses entrailles. Siméon mis au courant de cet évènement lui envoya de l'eau de son puits que la femme but avec esprit de foi et confiance. Ses douleurs furent apaisées aussitôt et le mal disparut totalement.

CHAPITRE VIII

Mort de saint Siméon. — Elle répand partout la tristesse et la douleur. — Guérison d'un possédé. — Prodiges à son tombeau.

C'était le cinq janvier de l'an 460, la quatrième année de l'empire de Léon Ier, Siméon, selon sa coutume, se prosterna sur la plateforme de sa colonne pour prier. Il resta ainsi quelque temps en oraison et c'est dans cette posture de la prière que, sans souffrance, il rendit à Dieu son âme bienheureuse qui fut tranportée par les anges dans le lieu du repos éternel. La nouvelle de sa mort ayant été connue à Antioche, le patriarche avec trois autres évêques et une foule nombreuse accoururent pour constater la douloureuse vérité. Déjà, les soldats des bourgades voisines faisaient la garde à l'entour, nuit et jour, pour empêcher que le corps du Saint fut dérobé. Les évêques le descendirent de la colonne et le déposèrent respectueusement près de l'autel qui était devant la colonne et sur lequel le prêtre avait coutume de célébrer le Saint Sacrifice de la messe. La désolation fut si grande que partout, sur la hauteur, comme dans les chemins, on voyait des multitudes éplorées, aller vénérer une dernière fois les restes précieux du Bienheureux Serviteur de Dieu. Les montagnes même, les campagnes, les arbres des environs paraissaient être dans la tristesse et s'unir au deuil général. Toute la contrée était couverte d'une nuée très obscure, comme d'un voile pour pleurer celui qui avait fait l'étonnement des hommes. Il fut décidé que le corps de Siméon serait transporté à Antioche et recevrait dans cette ville les honneurs de la sépulture chrétienne. En route le long cortège qui faisait escorte dût s'arrêter dans le bourg de Meroë. Depuis quarante ans, vivait dans ce petit village, un homme possédé du démon, et que l'on regardait comme le rebut de la société. Il était sourd et muet et se cachait ordinairement dans les sépulcres. Il inspirait partout la terreur. A peine se fut-il approché du vénérable cercueil que la vertu du Saint se manifesta en lui rendant l'usage de la parole et de l'ouïe et en le délivrant de l'ennemi terrible qui depuis si longtemps était son tourment.

Toute la ville d'Antioche vint au-devant de celui qu'elle regardait comme un Saint et vénérait comme un insigne bienfaiteur. Pendant quelques années le corps fut déposé dans l'église de Saint Cassien et plus tard dans un temple magnifique qui fut bâti en l'honneur de saint Siméon, sous le nom de temple de la Concorde ou de la Pénitence. Son tombeau devint illustre par les miracles qui s'y faisaient et ses historiens disent qu'il leur est impossible de rapporter les prodiges inouïs et merveilleux dûs à l'intercession du glorieux Stylite.

L'empereur Léon Ier manifesta le désir de posséder le corps à Constantinople, mais les habitants d'Antioche vivement contrariés d'une telle détermination le supplièrent de leur laisser la garde de la précieuse relique qui servait de rempart et de muraille à leur ville.

Pour perpétuer le souvenir d'une aussi sainte vie, on construisit, sur la montagne où avait vécu saint Siméon, une église en forme de croix, ornée de quatre beaux portiques, au milieu de laquelle était à découvert la sainte colonne. Tous les ans, au jour de la fête de saint Siméon, le 5 janvier, brillait au faîte du temple une étoile resplendissante d'une lumineuse clarté, comme pour proclamer la sainteté dont l'âme du saint pénitent Siméon, brillait, pour jamais, dans le sein de Dieu.

OFFICE ET MESSE

DE

Saint Siméon Stylite

Office de saint Siméon

Aux I^{res} Vêpres

Ant. I. — Domine quinque talenta tradidisti mihi : ecce alia quinque superlucratus sum. Ps. Dixit Dominus.

Ant. II. — Euge, serve bone, in modico fidelis : intra in gaudium Domini tui. Ps. Confitebor.

Ant. III. — Fidelis servus et prudens, quem constituit Dominus super familiam suam. Ps. Beatus vir.

Ant. IV. — Beatus ille servus, quem cum venerit dominus ejus, et pulsaverit januam, invenerit vigilantem. Ps. Laudate pueri.

Ant. V. — Serve bone et fidelis, intra in gaudium Domini tui. Ps. Laudate Dominum.

Capitule

Beatus vir qui inventus est sine macula, et qu post aurum non abiit, nec speravit in pecunia et thesauris. Quis est hic? et laudabimus eum.: fecit enim mirabilia in vita sua. ℟. Deo Gratias.

Hymne

Iste Confessor Domini, colentes
Quem piè laudant populi per orbem,
Hac die lætus meruit beatas,
    Scandere Sedes.

Qui pius, prudens, humilis, pudicus,
Sobriam duxit sine labe vitam
Donec humanos animavit auræ,
    Spiritus artus.

Cujus ob præstans meritum frequenter,
Ægra quæ passim jacuere membra,
Viribus morbi domitis, Saluti,
    Restituuntur.

Noster hinc illi chorus obsequentem
Concinit laudem, celebresque palmas,
Ut piis ejus precibus juvenur,
    Omne per ævum.

Sit Salus illi, decus atque virtus,
Qui super cœli solio coruscans
Totius mundi seriem gubernat,
    Trinus et unus. – Amen.

℣. Amavit eum Dominus et ornavit eum.

℟. Stolam gloriæ induit eum.

A Magnificat. Ant. Similabo eum viro sapienti, qui ædificavit domum suam supra petram.

Oremus

Omnipotens sempiterne Deus, terrena pro te calcantium merces magna nimis ; da nobis exemplo et intercessione Beati Simeonis, cujus hodie transitum celebramus, temporalia omnia despicere et ad æterna tota mentis intentione festinare. Per Dominum etc.

A Matines

L'office comme au Commun d'un Confesseur non Pontife.

Au premier nocturne : les leçons sont du Commun d'un Confesseur non Pontife 2⁰ loco : Beatus vir, qui inventus est sine macula, etc.

Au deuxième nocturne :

IV⁰ Lectio excerpta ex officiis propriis Ecclesiæ Parisiensis.

Simeon apud Cilices natus, ovium pastor adhuc puer, ac posteà monachus, morum candore cæteros longe superabat, et hebdomadam totam sæpe jejuniis explebat. Vitæ severioris desiderio, in cisterna sicca delituit ; ex qua eductus tres annos in cellula egit, orationibus ad Deum unice intentus : eaque abstinentia, ut quadraginta diebus sine cibo transactis, pene exanimatus repertus fuerit, quum jejunii quadragenarii rationem per octo et viginti annos servavit. Tùm septo quodam sibi in vertice montis exstructo, ne ultrà progredi posset, catenam ferream ex una parte ad saxum affixam, ex altera ad dextrum pedem alligatam excogitavit; quam tamen, monente Meletio, episcopo, deposuit. Cum vero multi ad eum ex remotissimis urbis partibus confluerent, omnesque illum tangere et benedictionem ab eo accipere contenderent, secessit à turba et in columna stationem fixit.

Hi dies noctibus continuans, expansis ad cœlum manibus, Deum orabat, somni parcus et cibi : nec cessabat inde aut fideles ad pietatem adhortari, dissidentium lites componere, et Ecclesiæ curare negotia; aut infideles Judæos et hæreticos confutare. Tandem miraculorum gloria et singulari vitæ sanctitate illustris, anno quadringentesimo sexagesimo obiit, Kalendis Januarii, Sub Leonis imperio; et Nonis ejusdem mensis Antiochiæ sepultus est. Tantam fuisse apud Romanos ejus sanctitatis famam ex

Theodoreto refert septima Synodus, ut illius imagines in officinarum vestibulis in sui tutelam et præsidium collocarent.

V et VI° lectiones ex Communi 2° loco : Deridetur justi.

Au troisième nocturne :

Homilia in Evangelio : Nolite timere pusillus grex. de Comm. 2° loco.

Ad Laudes et Horas ut in Brevario. Oratio propria.

Aux IImes Vêpres

Antiennes, Psaumes, Capitule et Hymne des 1res Vêpres, excepté ce qui suit :

℣. Justum deduxit Dominus per vias rectas.

℟. Et ostendit illi regnum Dei.

A Magnificat

Ant. Hic vir, despiciens mundum, et terrena triumphans, divitias cœlo condidit ore manu.

OREMUS

Omnipotens sempiterne Deus, terrena pro te calcantium merces magna nimis ; da nobis exemplo et intercessione Beati Simeonis, cujus hodie transitum celebramus, temporalia omnia despicere et ad æterna tota mentis intentione festinare. Per Dominum.

Antienne à la Sainte Vierge

Alma Redemptoris Mater, quæ pervia cœli,
Porta manes, et Stella maris, succurre cadenti
Surgere qui curat, populo; tu quæ genuisti,
Natura mirante, tuum sanctum Genitorem :
Virgo prius ac posteriùs, Gabrielis ab ore
Sumens illud Ave, peccatorum miserere.

℣. Post partum, Virgo inviolata permansisti.
℟. Dei Genitrix, intercede pro nobis.

Oremus

Deus, qui Salutis æternæ, Beatæ Mariæ virginitate fecunda, humano generi præmia præstitisti : tribue, quæsumus, ut ipsam pro nobis intercedere sentiamus, per quam meruimus auctorem vitæ suscipere, Dominum nostrum Jesum Christum Filium tuum. Amen.

Messe pour la Fête de saint Siméon Stylite

(5 JANVIER)

Introit

Le juste fleurira comme le palmier, il croîtra comme le cèdre du Liban, parce qu'il est planté dans la maison du Seigneur, dans le parvis du temple de notre Dieu.

Ps. Il est bon de rendre gloire au Seigneur et de chanter votre nom, ô Dieu très-haut.

Gloire au Père. Le juste fleurira.

Oraison

O Dieu éternel et tout-puissant, qui êtes la récompense infiniment grande de ceux qui par amour pour vous, foulent aux pieds les richesses et les grandeurs de la terre, faites-nous la grâce

Introit

Justus ut palma florebit, sicut cedrus Libani multiplicabitur; plantatus in domo Domini, in atriis domûs Dei nostri.

Ps. Bonum est confiteri Domino, et psallere nomini tuo, Altissime.

℣. Gloria Patri. Justus ut palma.

Oremus

Omnipotens sempiterne Deus, terrenna pro te calcantium merces magna nimis : da nobis exemplo et intercessione Beati Simeonis, cujus hodie transitum celebramus, temporalia omnia despicere et ad æterna tota mentis intentione festinare. Per Dominum nostrum...

Lectio Epistolæ Beati Pauli Apostoli ad Corinthios I Cor., 4.

Fratres, spectaculum facti sumus mundo, et Angelis, et hominibus. Nos stulti propter Christum, vos autem prudentes in Christo : nos infirmi, vos autem fortes ; vos nobiles, nos autem ignobiles. Usque in hanc horam et esurimus, et sitimus, et nudi sumus, et colaphis cædimur, et instabiles sumus, et laboramus operantes manibus nostris. Maledicimur, et benedicimus : persecutionem patimur, et sustinemus : blasphemamur, et obsecramus : tamquam purgamenta

par les prières et l'exemple du Bienheureux Siméon dont nous célébrons la glorieuse mort, de mépriser tout ce qui est temporel pour ne soupirer avec la plus grande ardeur, qu'après les biens éternels. Par N. S. J.-C.

Lecture de la 1re Epître de l'apôtre saint Paul, aux Corinthiens. Ch. 4.

Mes frères, nous sommes devenus un spectacle au monde, aux Anges et aux hommes. Nous sommes insensés pour l'amour de Jésus-Christ, mais vous, vous êtes sages en Jésus-Christ ; nous sommes faibles, et vous êtes forts : vous êtes honorés et nous sommes méprisés. Jusqu'à cette heure nous soufrirons la faim et la soif, la nudité et les mauvais traitements ; nous n'avons point de demeure stable : nous travaillons avec beaucoup de peine de nos propres mains.

On nous maudit et nous bénissons. On nous persécute et nous souffrons ; on nous dit des injures, et nous répondons par des prières : nous sommes devenus comme les ordures du monde, comme les immondices qui sont rejetées de tous. Je ne vous écris pas ceci pour vous humilier ; mais je vous avertis comme mes enfants bien-aimés en Jésus-Christ Notre Seigneur.

Graduel. — La bouche du juste annoncera la sagesse et sa langue publiera la justice : la loi de Dieu est dans son cœur; et ses pas ne seront pas chancelants.

Alleluia, alleluia. Heureux l'homme qui craint le Seigneur et qui se complait dans l'observance de sa loi. Alleluia.

✝ Suite du Saint Evangile selon saint Luc. Chap. 12.

En ce temps là, Jésus dit

hujus mundi facti sumus, omnium peripsema usque adhuc. Non ut confundam vos hæc scribo, sed ut filios meos carissimos moneo, in Christo Jesu Domino nostro.

Graduel. - Os justi meditabitur sapientiam, et lingua ejus loquetur judicium. Lex Dei ejus in corde ipsius, et non supplantabuntur gressus ejus.

Alleluia, alleluia. ℣. Beatus vir qui timet Dominum : in mandatis ejus cupit nimis. Alleluia.

✝ Sequentia Sancti Evangilii Secundum Lucam. Cap. 12.

In illo tempore : Dixit Jesus discipulis suis : Nolite timere pusillus grex quia complacuit Patri vestro dare vobis regnum. Vendite quæ possidetis et date eleemosynam. Facite vobis sacculos qui non veterascunt, thesaurum non deficientem in cœlis, quo fur non appropriat, neque tinea corrumpit. Ubi enim thesaurus vester, ibi et cor vestrum erit. Credo.

Offertoire. — In virtute tua, lætabitur justus, et super salutare tuum exsultabit vehementer. Desiderium animæ ejus tribuisti ei.

Secrète. — Munera nostra ad altare tuum offerentes, te, Domine suppliciter exoramus, ut exemplo Beati Simeonis, carnem nostram cum vitiis et concupiscentiis crucifigentes, Christi cum ipso co-

à ses disciples : Ne craignez point, petit troupeau, car il a plu à votre Père de vous donner un royaume. Vendez ce que vous avez et distribuez-le en aumônes. Faites vous des bourses qui ne s'usent point. Amassez dans le ciel un trésor qui ne périsse jamais, qui ne puisse être ravi par les voleurs, ni rongé par les vers : car où est votre trésor, là aussi sera votre cœur. Credo.

Offertoire. — Le juste mettra sa confiance dans votre force, ô Seigneur, et se réjouira dans le salut que vous lui donnerez. Vous avez exaucé les désirs de son cœur.

Secrète. — En apportant, Seigneur, nos présents à votre autel, nous vous faisons l'humble prière de suivre l'exemple du Bienheureux Siméon, afin qu'en crucifiant notre chair avec ses vices et ses désirs mauvais, nous puissions avec lui devenir les cohéritiers de Jésus-Christ par le même Jésus-Christ.

Communion. — Je vous le dis en vérité, vous qui avez tout abandonné pour me suivre, vous recevrez le centuple et vous posséderez la vie éternelle.

Postcommunion. — Gardez, Seigneur, cachés au fond de votre cœur, vos fidèles nourris du Sacrement de votre Corps et de votre Sang, afin qu'à l'imitation de saint Siméon, méditant nuit et jour votre loi, ils méritent de jouir des plaisirs éternels. Ô vous qui vivez et régnez.

hæredes efficiamur. Per eumdem Dominum nostrum Jesum Christum.....

Communion. — Amen dico vobis, quod vos, qui reliquistis omnia, et secuti estis me, centuplum accipietis, et vitam æternam possidebitis.

Postcommunion. — Custodi nos in abscondito Cordis tui, Domine, Corporis et Sanguinis tui Sacramento munitos: ut imitatione Sancti Simeonis in lege tua die ac nocte meditantes, deliciis perfrui mereamur æternis. Qui vivis et regnas cum Deo Patre.

Antiennes et Oraison

DE L'ANCIEN BRÉVIAIRE DU DIOCÈSE D'AGDE

En l'honneur de saint Siméon Stylite

Nous consignons, en le transcrivant ici, le souvenir pieux que l'Eglise d'Agde gardait pour la mémoire du patron de l'église de Pinet. La paroisse de Pinet faisait, jadis, partie de l'ancien diocèse d'Agde. Les deux Antiennes et l'Oraison sont extraites du Bréviaire d'Agde, imprimé en 1616 par ordre de Monseigneur Louis de Valois, évêque et comte d'Agde.

Nos fidèles pourront se servir de ces prières si belles, qui démontrent la fervente piété de nos pères pour le culte de saint Siméon.

Monseigneur l'Evêque de Montpellier accorde 40 jours d'indulgence aux personnes qui réciteront ces prières.

I. Vénérons par de solennelles louanges le souvenir de ce grand jour, afin qu'en célébrant la fête de saint Siméon, ses prières nous	I. Solemnitatem diei hujus debito veneremur obsequio, ut cujus festum devotissime celebramus, post et ante formidabilem Judici

adventum, ejus preces nobis succurrant in æternum.

II. O quam dignis corpus Simeonis Antiochiam defertur obsequiis : in qua tristitia proceres illud subsequuntur. O quantis gemitibus populus omnis occurrit desolatus.

℣. Ora pro nobis beate Simeon.

℟. Ut digni efficiamur promissionibus Christi.

Oremus. — Adesto familiæ tuæ, omnipotens Deus, Beati Confessoris tui Simeonis patrocinio confidenti : ut cujus gloria devotè congaudet, ipsius interventu societur et meritis. Per Dominum nostrum Jesum Christum,

soient favorables après comme avant le terrible avénement du Souverain Juge.

II. Oh! qu'elles sont admirables les marques de respect au milieu desquelles le corps de saint Siméon fût porté à Antioche ! Quelle profonde tristesse envahit l'âme de ceux qui suivirent le douloureux cortège ! Qui dira les gémissements de tout ce peuple désolé, accouru pour recevoir le précieux dépôt.

℣. Priez pour nous, bienheureux Siméon.

℟. Afin que nous devenions dignes des promesses de Jésus-Christ.

Oraison. — Soyez secourable, ô Dieu tout-puissant, à votre famille si confiante dans la protection du bienheureux Siméon, votre confesseur ; afin qu'en se réjouissant de la gloire dont il est environné au Ciel, elle puisse, par son intercession, avoir part à ses mérites. Par Jésus-Christ Notre Seigneur Votre Fils, qui vit et règne avec vous, ô Dieu, en l'unité du Saint-Esprit, dans tous les siècles des siècles. — Ainsi soit-il.

Filium tuum. Qui tecum vivit et regnat in unitate Spiritus Sancti, Deus, per omnia sæcula sæculorum. — Amen.

Prière à saint Siméon

O Siméon, saint Pénitent que la terre a admiré, bénissez-nous et, par vos prières, obtenez-nous de la miséricordieuse bonté de Dieu de faire pénitence de nos péchés, pour nous assurer son amitié en ce monde et sa gloire dans l'autre.

O saint Siméon, parfait imitateur de Jésus, de ce Roi crucifié, inculquez à nos âmes le saint amour de la mortification et de la pénitence, afin qu'ayant, ici-bas, mis nos délices dans l'humiliation et la souffrance, nous puissions voir, comme vous, notre couronne d'épines de la terre se transformer en un diadème d'immortalité dans le Ciel. Saint Siméon, priez pour nous, protégez-nous !

Ajoutez : *Notre Père ; Je vous salue, Marie ; Gloire soit au Père.*

Cantique en l'honneur de saint Siméon

I

Tu règnes dans la gloire !
Honneur, honneur à ta mémoire,
Toi dont l'Eglise en ce beau jour,
Fête le nom avec amour.
O Siméon ! c'est toi notre modèle,
Notre gardien et notre appui fidèle,
Conduis-nous à Jésus
Par ton exemple et tes vertus.

II

Maintenant, ô vaillant athlète
Dont rien ne put lasser le bras,
Croirons-nous que ton cœur regrette
Les travaux que tu supportas ?

Non, non : les luttes de la terre
Ne te paraissent qu'un jeu ;
Tout dans ce monde est éphémère,
Et tout s'efface, excepté Dieu.

III

Ton esprit rempli de sagesse
Chercha toujours la vérité,
Ecartant l'ombre enchanteresse
Qui nous voile l'éternité.
Ton cœur était un sanctuaire
De paix, d'espoir, de pur amour ;
Et sur ses ailes la prière
T'emportait au divin séjour.

IV

Saint Patron, pour nous ton exemple
Sera comme un tableau vivant
Qu'on admire et que l'on contemple
Pour y prendre un nouvel élan.
Répands sur nous des flots de grâce ;
Anime-nous de tes ardeurs ;
Détache-nous de ce qui passe ;
Rends-nous tes vrais imitateurs.

V

Tu le vois, nous sommes fragiles,
Le moindre souffle nous abat ;
De nos mains nos armes débiles
Tombent même avant le combat.
C'est l'homme ! Un vil plaisir l'attire,
Et, sur l'abîme suspendu,
Il est vaincu par un sourire...
O honte ! et le ciel est perdu.

VI

Mais aux pieds de ta douce image,
Confus de tant de lâcheté,
Nous venons prendre ton courage
Pour avoir ta félicité.
Grand saint, sois notre bon génie ;
Protège-nous du haut des cieux.
Conserve pure notre vie,
Nos cœurs fervents, nos jours heureux.

VIE ABRÉGÉE
DE
SAINTE GENEVIÈVE
PATRONNE DE PARIS

Vie abrégée de Ste Geneviève

PATRONNE DE PARIS

Le motif qui nous porte à dire quelques mots sur sainte Geneviève, patronne de Paris, est de répondre à la confiance que professait notre saint Siméon pour l'humble bergère de Nanterre. Nous lisons en effet dans les Bollandistes : « Le bruit des merveilles opérées par sainte Geneviève, vola bientôt par toute la terre. Saint Siméon le Stylite, qui était en Asie, voyant au pied de sa colonne des marchands de Paris, qu'une sainte curiosité y avait amenés, les supplia de saluer de sa part, à leur retour en France, leur sainte compatriote, et de le recommander à ses prières. Je crois que c'était Dieu qui lui en avait donné connaissance par une révélation particulière. »

Nous avons pensé être utile à nos paroissiens en

leur faisant connaître sainte Geneviève qu'ils invoqueront avec ferveur et confiance, à l'exemple de saint Siméon, leur patron.

Sainte Geneviève naquit vers l'an 422, à Nanterre près de Paris. Elle avait sept ans environ, lorsque saint Germain, évêque d'Auxerre, et saint Loup, évêque de Troyes, passèrent par Nanterre, en allant en Angleterre pour y combattre l'hérésie pélagienne. A leur arrivée, une multitude nombreuse, attirée par la réputation de leur sainteté, s'assemblant autour d'eux pour recevoir leur bénédiction, Geneviève y alla avec les autres, conduite par ses parents. Saint Germain, éclairé par l'Esprit de Dieu, la discerna au milieu de la foule, et l'ayant fait approcher, il dit à son père et à sa mère qu'elle serait grande devant Dieu, et que son exemple attirerait à lui plusieurs personnes. Il demanda ensuite à Geneviève si elle voulait se consacrer à Jésus-Christ comme son épouse. Elle lui répondit que c'était son désir et il l'amena à l'église, où il lui tint la main sur la tête pendant le temps de la prière.

Le lendemain matin, le saint évêque l'ayant prise à part, lui demanda si elle se souvenait de ce qu'elle avait promis la veille. « Oui, dit-elle, et j'espère l'observer avec le secours de Dieu et celui de vos prières. » Alors saint Germain regardant la terre, vit une médaille de cuivre où la croix était empreinte. Il la lui donna en lui recommandant de la porter à son cou. Puis il ajouta ces paroles remarquables : « Ne souffrez pas que votre cou ou vos doigts soient chargés d'or, d'argent et de pierreries ; car si vous aimez la moindre parure du siècle, vous serez privée des ornements célestes et éternels. » Peu de temps après le départ des deux saints évêques, la mère de Geneviève, allant à l'église, un jour de fête solennelle, voulut l'obliger de rester à la maison. Geneviève la conjura en pleurant de lui permettre d'y aller aussi ; et comme elle continuait de lui faire de vives insistances, cette femme entra en colère et lui donna un soufflet. Son emportement fut puni sur le champ : elle perdit la vue et demeura aveugle près de deux ans. Enfin, se souvenant de la prédiction de saint Germain, et poussée par un mouvement extraordinaire de foi, elle dit à sa fille de lui apporter de l'eau du puits, et de faire le signe de la Croix dessus. Geneviève en ayant apporté et ayant fait dessus le signe de la Croix, sa mère s'en lava les yeux trois fois et recouvra la vue.

Geneviève reçut le voile sacré de la main de l'Evêque de Paris : après la mort de son père et de sa mère, elle se retira à Paris, chez une dame qui était sa marraine et qui l'avait invitée à venir demeurer avec elle. Dès l'âge de quinze ans, elle commença à ne manger que deux fois la semaine, le dimanche et le jeudi ; et ces jours-là même, elle prenait pour toute nourriture du pain d'orge avec des fèves cuites depuis une semaine ou deux, et ne buvait jamais que de l'eau. Elle continua ce genre de vie si austère jusqu'à l'âge de cinquante ans, où, par le conseil des évêques, pour qui elle eût toujours un profond respect, elle commença d'user d'un peu de lait et de poisson. Un jeûne si rigoureux était soutenu par une prière fervente et presque continuelle. Elle y répandait en la présence de Dieu une si grande abondance de larmes, que le lieu où elle priait ordinairement en était tout trempé. Elle passait en prière la nuit du samedi au dimanche, pour se préparer à célébrer le jour du Seigneur. Elle se disposait à la fête de Pâques par une retraite qui durait depuis l'Epiphanie jusqu'au Jeudi-Saint.

La vertu de sainte Geneviève fut longtemps éprouvée par de grandes persécutions et attaquée par les calomnies les plus horribles. La sainte n'y répondit que par une patience à toute épreuve, et elle se contenta de prier et de pleurer dans le secret pour ses ennemis et ses calomniateurs. Saint Germain d'Auxerre passant par Paris dans un second voyage d'Angleterre, son premier soin fût de s'informer de Geneviève. Alors le peuple se déchaîna contre elle, et traita sa vertu d'hypocrisie et de superstition ; mais ce saint évêque pour faire voir qu'il en jugeait bien autrement, lui alla rendre visite et la traita avec un respect qui fut admiré de tout le monde.

Attila, roi des Huns, qui s'appelait lui-même le Fléau de Dieu, après avoir ravagé plusieurs provinces de l'empire romain, était entré en France avec une armée formidable. Cette nouvelle répandit l'alarme dans Paris : les habitants ne se croyant pas en sûreté dans leur ville, étaient résolus de se retirer avec leurs biens dans des places plus fortes. Au milieu de cette consternation universelle, Geneviève assembla les femmes et les exhorta à détourner les fléaux de la colère de Dieu, par les prières, les veilles et les jeûnes. Elles la crurent et passèrent plusieurs jours à prier dans l'Eglise. Mais notre sainte s'efforça en vain de persuader la même chose aux hommes : elle eû beau leur représenter qu'ils devaient mettre leur confiance en Dieu, que leur ville serait conservée, et que celles où ils prétendaient se retirer seraient pillées et saccagées par les barbares, ils la traitèrent de fausse prophétesse, et leur rage contre elle alla jusqu'à vouloir attenter à sa vie. Mais le moment où Geneviève semblait avoir tout à craindre, était celui que Dieu avait marqué pour la délivrer : il changea tout d'un coup les cœurs les plus emportés, à l'arrivée de l'archidiacre d'Auxerre, qui leur montra les eulogies (1) qu'il apportait à Geneviève de la part de saint Germain. Ils renoncèrent dès ce moment à leurs mauvais desseins contre elle ; et quand ils virent que l'événement avait confirmé sa prédiction, que les Huns n'approchaient pas de leur ville, ils n'eurent plus pour elle que des sentiments de vénération et de confiance. La sainteté extraordinaire de sa vie fut récompensée par le don des miracles, et l'on venait de toutes parts implorer son secours. Sa réputation pénétra jusque dans les pays les plus éloignés ; et saint Siméon Stylite se recommanda à ses

---

(1) Les eulogies étaient des présents de choses bénites que l'on s'envoyait alors en signe d'union et d'amitié.

prières. Elle mourut au commencement du vi⁰ siècle, âgée d'environ 90 ans. Son corps fut inhumé dans l'église des Apôtres saint Pierre et saint Paul, qui porte aujourdui le nom de sainte Geneviève.

Prière à sainte Geneviève
POUR LA PAROISSE DE PINET

Sainte Geneviève, que Paris honore comme sa protectrice, vous que Dieu a choisie comme un instrument de miséricorde, pour faire éclater la puissance de son bras contre les Barbares, nous venons implorer votre secours. A l'exemple de notre bienheureux Patron, saint Siméon, nous nous recommandons à vos prières et à votre glorieuse intercession. Comme lui nous rendons hommage à vos saintes vertus et à vos miracles.

O vous, que Siméon a priée sur la terre, parce qu'il connaissait vos mérites et votre crédit auprès de Dieu, maintenant que vous jouissez de la gloire éternelle, faites briller à nos yeux obscurcis par le péché, la lumière de Jésus-Christ, en nous ramenant tous à la pratique des saints commandements de

Dieu et de l'Eglise. Priez pour nous, sainte Geneviève intéressez-vous, nous vous en supplions, à cette portion du troupeau de Jésus-Christ en la protégeant contre les loups ravisseurs, en lui gardant son antique foi et son dévouement à la religion catholique, apostolique et romaine. Ces grâces, nous vous les demandons au nom de saint Siméon, notre glorieux père. Ainsi soit-il.

Notre Père ; Je vous salue Marie ; Gloire soit au Père.

Sainte Geneviève invoquée par saint Siméon, priez pour nous, protégez-nous, défendez-nous ; gardez notre paroisse contre l'indifférence et l'impiété. *(Répéter trois fois cette invocation).*

Prière à sainte Geneviève

que les Enfants de Marie de Pinet récitent à la fin de leur réunion

Sainte Geneviève, fleur précieuse du parterre mystique du Christ, nous sollicitons votre fraternelle protection. N'êtes-vous pas la Vierge que saint

Siméon a priée et invoquée ? Dès lors, n'avons-nous pas le droit de vous appeler notre sœur ?

Le monde nous sollicite au mal ; partout se dressent des embûches pour faire sombrer notre faible vertu.

Assistez-nous, ô bienheureuse Geneviève, au moment de la tentation et prêtez-nous une main secourable au milieu des dangers du monde auxquels nous sommes continuellement exposées.

Que toutes les enfants de Marie ici réunies soient par vous gardées et protégées. Augmentez notre piété pour Dieu, notre amour pour Marie, notre sublime modèle et notre céleste protectrice, afin qu'un jour vous puissiez, avec saint Siméon, nous présenter à Jésus et à Marie.

Ainsi soit-il.

Sainte Geneviève, priez pour nous!

TABLE DES MATIÈRES

                                                                                                      Pages

Chapitre Ier. — Naissance et jeunesse de saint Siméon. — Sa vision.   11

Chapitre II. — Saint Siméon entre dans un monastère. — Ses prodigieuses austérités...   16

Chapitre III. — Siméon se retire dans la solitude de Télanisse. — Jeûne de quarante jours. — Il s'attache à une pierre au moyen d'une chaîne..   22

Chapitre IV. Renommée de saint Siméon. — Grand concours de peuple à sa solitude. — Il se recommande aux prières de sainte Geneviève de Paris...   28

Chapitre V. — Siméon monte sur une colonne. — Sa vie admirable et pénitente..   32

Chapitre VI. — Siméon reçoit les ordres du Ciel. Il est le défenseur de l'opprimé. Il prêche l'Evangile et convertit les pécheurs......   37

Chapitre VII. — Rapports de saint Siméon avec les puissants du siècle. — Ses miracles...   49

Chapitre VIII. — Mort de saint Siméon. — Elle répand partout la tristesse et la douleur. — Guérison d'un possédé. — Prodiges à son tombeau..   54

Office de saint Siméon...   59

Messe pour la fête de saint Siméon Stylite.........................   65

Antiennes et Oraison de l'ancien Bréviaire d'Agde en l'honneur de saint Siméon Stylite indulgenciées par Monseigneur l'Evêque de Montpellier..   70

Prière à saint Siméon...   72

Cantique en l'honneur de saint Siméon.............................   73

Vie abrégée de sainte Geneviève, patronne de Paris................   79

Prière à sainte Geneviève pour la paroisse de Pinet...............   85

Prière à sainte Geneviève à l'usage des Enfants de Marie..........   86

Laus Deo. — Gloria Virgini Mariæ Immaculatæ. — Devotio Beato Simeoni Patrono nostro.

Imprimerie de la Manufacture de la Charité, Montpellier

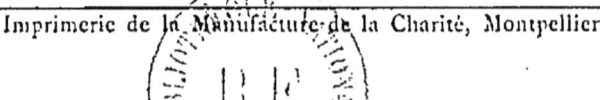

www.ingramcontent.com/pod-product-compliance
Lightning Source LLC
LaVergne TN
LVHW050557090426
835512LV00008B/1206